AF313546

19 Avril 1904.

VENTE

HOTEL DROUOT — SALLE N° 1

Le Mardi 19 Avril 1904

A 2 HEURES 1/4

BEAU SALON LOUIS XVI

en Tapisserie d'Aubusson

MEUBLES XVIIIe SIÈCLE

OBJETS D'ART

Sculptures - Tableaux

Me F. LAIR-DUBREUIL | M. ARTHUR BLOCHE

COMMISSAIRE-PRISEUR | EXPERT PRÈS LA COUR D'APPEL

6, rue de Hanovre, 6 | 51, rue Saint-Georges, 51

EXPOSTION PUBLIQUE

Le Lundi 18 Avril 1904, de 2 heures à 6 heures

PARIS. — Imp. C. CHAUFOUR

8-10, rue Milton

CATALOGUE

D'UN

BEAU SALON LOUIS XVI

en Tapisserie d'Aubusson

JOLIS MEUBLES XVIIIe SIÈCLE

Attribués à CAFFIÉRI et d'après BENNEMAN

BEAU BUSTE EN MARBRE DE PHILIPPE D'ORLÉANS

Groupe en bronze de MARQUET DE VASSELOT

Bronzes européens et de l'Orient — Vitraux — Armes

BIJOUX — ARGENTERIE

TABLEAUX ANCIENS ET MODERNES

Belle aquarelle de Madeleine Lemaire

ŒUVRES IMPORTANTES DE DUBUFFE, MARQUET ET JAMET

Tapis d'Orient, Etoffes

DONT LA VENTE AURA LIEU

HOTEL DROUOT — SALLE N° 1

Le Mardi 19 Avril 1904, à 2 heures 1/4

Me F. LAIR-DUBREUIL	**M. Arthur BLOCHE**
COMMISSAIRE-PRISEUR	EXPERT PRÈS LA COUR D'APPEL
6, Rue de Hanovre, 6	*51, Rue Saint-Georges, 51*

Chez lesquels se distribue le présent catalogue

EXPOSITION PUBLIQUE

Le Lundi 18 Avril 1904, de 2 heures à 6 heures

CONDITIONS DE LA VENTE

La vente sera faite expressément au comptant.

Les acquéreurs paieront 10 o[o en sus des adjudications.

L'exposition mettant le public à même de se rendre compte de l'état des objets, il ne sera admis aucune réclamation une fois l'adjudication prononcée.

Imp. C. Chaufour, 8-10, rue Milton, Paris.

DÉSIGNATION

MEUBLES

1 — Très beau mobilier de salon en fine tapis-
serie de soie d'Aubusson dit de Clodion, les
dossiers offrent des médaillons à groupes
d'amours en grisaille dans des encadrements
à rinceaux fleuris, cartouches et enroulements.
Les sièges sont à médaillons bouquets de
fleur d'après MADAME VALLAYER COSTER au
milieu d'entrelacs feuillagés sur fond bleu
tendre. Bois sculptés et dorés à guirlandes de
fleurs enrubannés, cannelures et perlés, travail
de style Louis XVI. par GOUVERNEUR.

2 — Belle commode forme demi-lune en marqueterie de bois de couleur ouvrant à deux

tiroirs et à deux portes ornée de bronzes,
dessus en marbre bleu turquin époque
Louis XVI.

3 — Meuble d'aspect architectural en bois
d'acajou massif, sculpé, le haut ouvrant à
une porte, offrant en bas relief une femme
assise dans un paysage, flanqué de colonnettes
cannelées, surmontées de chapitaux corin-
thiens, intérieur forme niche à fond de
glace, xviiie siècle.

4-5 — Deux petites commodes forme ventrue,
en bois de rose et marqueterie de bois de
palissandre, à rosaces, ornées de bronzes
ciselés et dorés, dessus en marbre rose veiné,
époque Louis XV.

6 — Grande et belle commode reproduction de
celle de Bennemann en acajou, richement
garnie de bronzes, à médaillons d'après Clodion, au milieu d'élégants rinceaux feuillagés
et fleuris, bandeaux à arabesques et draperies,
montants à colonnes, cannelées, dessus en
marbre blanc, style Louis XVI.

7 — Belle commode Louis XV, en bois de rose
et marqueterie de bois à gerbes et branchages de fleurs, ornée d'encadrements à rocailles, de chutes et de volutes, en bronze ciselé
et doré attribués à Caffiéri, dessus en marbre
brèche d'Alep.

8 — Grand et beau bureau Régence en bois de
rose et palissandre, richement orné de bronzes
ciselés et dorés ; moulures et encadrements,
chutes à écussons sur gaines feuillagées, dessus en cuir gravé et doré au petit fer.

9 — Six fauteuils en bois sculpté laqué blanc,
couverts en soierie crême, bordé de soie, dessin à corbeilles et jardinières fleuries, dans
des encadrements enrubannés. Style L. XVI.

10 — Bureau cylindre de style Louis XVI en
acajou orné de bronzes finement ciselés et
dorés, à guirlandes de lauriers et masques de
bacchant au milieu de cornes d'abondance, et
offrant dans le haut des bouquets de fleurs
suspendus à des nœuds de rubans, entourage
guilloché et perlé.

11 — Table vitrine de style Louis XVI en
bois de luxe orné de brozes ciselés et dorés à
rinceaux, feuillages et rosaces, entourage à
rais de cœur et guirlande de rose, intérieur
garni de damas vert.

12 — Petite table de style Louis XV en marqueterie de bois de violette s'ouvrant à un tiroir,
entourage, chutes et poignée en bronze ciselé
et doré.

13 — Crédence Renaissance en bois sculpté, le
haut à colonnettes s'ouvrant au milieu à une
porte ornée de personnages, le bas s'ouvre
à deux portes offrant au centre des médaillons
à têtes de personnage, le bas à un tiroir.

14 — Petite encoignure du Ier Empire en bois
d'acajou avec deux étagères en marbre.

15 — Meuble de salon de style Louis XV en
bois sculpté et doré, recouvert de soierie vieux
rose broché à bouquets de fleurs et composé
d'un canapé et quatre fauteuils.

16 — Prie Dieu gothique en bois sculpté recouvert de velours d'Utrecht à rayures.

17 — Coffre Renaissance en bois sculpté, offrant
sur le devant en bas relief des cavaliers dans
un paysage.

18 — Deux chaises légères en bois sculpté et
doré, foncées de canne, style Lonis XVI.

19 à 21 — Trois coffrets en bois laqué et incrusté
d'ivoire de cuivre doré, dessin à losanges et
petites rosaces, travail ancien de la Perse.

22 — Coffret ancien Persan en bois de Saule,
sculpté et gravé, à rosaces au milieu d'arabesque.

23 — Deux coffrets ancien Persan en cuir, recouvert de velours et de broderies.

24 — Deux glaces anciennes Persanes ornée
de peinture à personnage, genre vernis
MARTIN.

OBJETS D'ART, SCULPTURES

25 — Beau buste en marbre représentant Philippe d'Orléans regardant légèrement de côté habillé en armure et drapé dans son manteau.

26 — Paire de grandes appliques, à trois lumières en bronze bleui et doré, style Louis XVI.

27 — Beau groupe en bronze : Diane blessée par l'amour, signé M. DE VASSELOT.

28 — Deux gaînes à trois faces en marbre blanc.

29 — Paire de beaux candélabres modèle d'après GOUTHIÈRES, formés de vases en bronze patine verte garnis de bronzes dorés, anses à figures de faunesses, branches en bronze doré, à cinq lumières.

30 — Deux colonnes en marbre vert de mer montures et chapiteaux en bronze doré.

31 — Deux chenêts en bronze partie doré, lions
sur balustrades drapées. Style Louis XVI.

32 — Paire de grands et beaux vases en bronze
du Japon offrant en relief des volatiles,
dans des rochers et au milieu d'arbustes
fleuris, le bas avec des tortues, anses à
oiseaux posés surdes branches.

33 — Buste en marbre représentant la Dubarry,
d'après Pajou.

34 — Garniture de cheminée en terre cuite opa-
line bronzée et dorée, signée Campagne, com-
posée d'une jardinière, accostée de figurine,
de sirènes, émergeant des flots de la mer, et
deux vases ornés de deux figurines des naïades
posées sur des rochers.

35 — Deux jardinières en faïence du Japon
décor aux cigognes.

36 — Deux vases en faïence du Japon, à fond
rouge et brun, décorés de branches d'orchi-
dées et d'oiseaux en émaux de couleur.

37 — Deux cornets en porcelaine de Chine de la famille verte, décor à personnages.

38 — Deux bouteilles en porcelaine de Chine, décor à personnages.

39 — Paire de vases en bronze du Japon, décorés de branchages fleuris, personnages et oiseaux en relief, anses à têtes d'éléphants et anneaux mobiles.

40 — Groupe en bronze : la Danse, de CLODION.

41 — Deux chenêts Louis XVI en bronze doré.

42 — Statuette en marbre : Faunesse à la source. Signé CASSAIGNE.

43 — Petit cartel Louis XIV en bois de placage garni de bronzes.

44 — Deux tasses avec soucoupes en porcelaine de Sèvres blanche à filets dorés.

45 — Quatre carreaux en ancienne faïence persane fond blanc, dessin à fleurs, en bleu et jaune.

46 — Deux carreaux anciens persans à reflets métalliques.

47 — Deux réchauds anciens persans en cuivre repoussé.

48 — Deux aiguières avec leurs bassins en cuivre gravé. Travail ancien persan.

49 — Poire à poudre en ivoire. Travail ancien circassien.

50 — Lot de vitraux anciens.

51 — Groupe gothique en albâtre sculpté.

ARMES

52 — Epée indienne lame gravée, poignée gravée.

53 — Yatagan fourreau cuivre.

54 — Kris malais.

55 — Gros poignard circassien poignée morse.

56 — Poignard circassien, poignée corne.

57 — Poignard à lame courbe, poignée corne.

58 — Canon de pistolet.

59 — Trois brassards persans damasquinés d'or.

60 — Coiffure de femme turque.

61-62 — Lame de poignard courbe et un petit poignard africain.

63 — Pièces de harnachement brodées argent.

64 — Bouteille ornée de coquillages.

65 — Bouclier cuivre gravé argenté.

66 — Casque et bouclier persan, gravés.

67 — Paire de pistolets turcs Louis XIV.

68 — Fusil turc, canon gravé doré.

69 — Fusil calibre 12, percussion centrale, platines rebondissantes, fermeture à T.

70 — Fusil calibre 16, percussion centrale, choke
à gauche, double verrou, clé entre les chiens,
platines encastrées dans la bascule, trempé
jaspé, gravure genre anglais.

71 — Fusil calibre 28, canon Léopold Bernard,
percussion centrale avec éjecteurs, double
verrou, devant détaché, fermeture à pompe,
gravures à sujets, trempé, jaspé.

BIJOUX, ARGENTERIE

Objets divers

72 — Bracelet artistique en argent ciselé.

73 — Bracelet en or avec plaque en mosaïque
représentant l'Aurore.

74 — Bourse en or enrichie de rubis et de diamants.

75-76 — Deux légumiers à double fond avec
plateaux et couvercles en argent.

77-78 — Deux beaux gobelets d'honneur en argent repoussé et gravé, parties dorées à figures de femmes, médaillons à personnages, gaudron et motifs ornementés. St. XVI⁰ siècle·

79 — Beau nécessaire de voyage en argent guiloché dans un coffret en bois à filets de cuivre.

80 — Broche ornée de topazes roses et de diamants.

81 — Bague ornée de roses et rubis.

82 — Deux agrafes en strass.

83 — Paire de boucles d'oreilles topazes et roses.

84 — Paire de boucles d'oreilles enrichies de topazes et roses.

85 — Divers bijoux anciens.

86 — Trois chapelets en argent ornés de perles fines.

87 — Eventail Louis XVI, feuille à personnages.

88 — Eventail Ier Empire, feuilles à personnages.

89 — Couvertures de livre en maroquin ancien.

TABLEAUX

90 — ALLORI. *Judith et sa suivante.* OEuvre d'une très belle facture, cadre à feuilles de chêne enrubannées, en bois sculpté et doré.

91 — DUBUFFE. *La Nymphe couchée.* Très beau tableau signé.

92 — JAMET. *Petite fille à la fenêtre.*

93 — JAMET. *Lecture de la lettre.* Pastel.

94 — JAMET. *La Vieille berrichonne.*

95 — MARQUET. *La Ronde d'enfants.* OEuvres importantes signé.

96 — LEMAIRE (Madeleine). *Galants et galantes du Directoire*. Superbe aquarélle feuille d'éventail.

97 — MASSON. *Portrait de femme*.

98 — MENTA. *Paysages*. Divers dessins à la plume dans quatre cadres.

99 — TITIEN (attribué au). *Portrail de Catherine Cornaro en sainte Marguerite.*(Répétition avec variante de son célèbre portrait de la Galerie des Offices).

100 — ECOLE MODERNE. *Bord de rivière*.

101 — Gravure ancienne : *l'Enlèvement des Hélènes*.

102 — Deux gravures pastorales, d'après BOUCHER,

103 — Deux gravures : scènes de sport, d'après VERNET.

104 — Deux petites gravures imprimées en couleur, d'après HUET.

LIVRES

105 — Deux volumes illustrés de l'Art à la mode.

106 — Les Fables de La Fontaine avec illustrations d'OUDRY.

TAPIS

107 — Tapis d'Orient, dessin polychrome.

108 109 — Deux tapis d'Orient, dessin polychrome.

140 — Suite de dix portières et panneaux en toile peinte, à fleurs, guirlandes, palmes, rosaces et arabesque en polychrome. Travail Persan.

111 — Petit tapis ancien Persan brodé à rosaces et étoiles au milieu d'arabesques.

112 — Tapis ancien Persan. Travail du XIIe siècle.

113 — Quatre tapis et un sac de chamelier, anciens, persans à dessins polychromes.

114 — Deux panneaux en forme d'oriflames, en soie ancienne fond bleu bordure en velours de Gênes.

DENTELLES, FILETS

115 — Volant en dentelle de Bruges. Epoque Ier Empire.

116 — Volant en dentelle des Flandres.

117 — Volant en point de Milan.

118 — Bande en filet ancien.

119 — Bande en filet ancien.

120 — Bande en filet ancien entourage en broderies.

121 — Lot de soieries anciennes et velours de Gênes.

122 — Objets omis.